Poésies

Adolphine Couvreur

Paris, 1908

© 2025, Adolphine Couvreur (domaine public)
Édition : BoD − Books on Demand, 31 avenue Saint-Rémy, 57600 Forbach, bod@bod.fr
Impression : Libri Plureos GmbH, Friedensallee 273, 22763 Hamburg (Allemagne)
ISBN : 978-2-3225-5100-2
Dépôt légal : Avril 2025

TABLE DES MATIÈRES

(ne fait pas partie de l'ouvrage original)

Avertissement
Diis manibus ***

        Vers la Paix

I. Dialogue intérieur
II. Prière et méditation
III. Nunc dimittis

        1883-1885

Silence
Côte de Gascogne
Regret
À mes rêves
Sonnet d'adieu

        1885-1896

À un jeune officier
Beauté
À propos du *Maroc*
Auvergne
Souvenirs de Bretagne
Sur le portrait
Le Xoanon

1896-1907

En recevant l'ordre inattendu de quitter l'École de Sèvres
À la mer
Le Passé
Fachoda
À une petite fille morte
À une jeune fille
Sur une mort
Gloria victis
En Dalmatie
Les Morts de Belgrade
Après une visite
Le Phare
Souhait
Requiescant…
Souvenir du campanile de Trau
Kant et Platon
Athéna mélancolique
Cimetière turc

AVERTISSEMENT

Plusieurs de mes amies et de mes anciennes élèves de l'École normale supérieure de Sèvres ont voulu se réunir pour faire éditer ces vers. Elles leur font trop d'honneur sans doute ; mais je les remercie cordialement de rappeler ainsi le souvenir des années où, dans cette chère École, nous avons vécu ensemble de la vie heureuse de l'esprit.

A. C.

Paris, 1908.

DIIS MANIBUS ***

Point de nom… C'est bien inutile.
Qu'importe à quel cher souvenir
Ces tristes vers sans avenir
Dressent un monument fragile ?

Et qu'importe sur quel tombeau,
Au souffle froid des destinées,
Ces pauvres fleurs bientôt fanées
Se dessécheront faute d'eau ?

Si les morts, dans leur nuit glacée,
Conservent quelque sentiment,
Ils savent, eux, certainement,
En quels cœurs survit leur pensée.

S'ils ignorent, nul ne saura ;

Et la fleur que pendant leur vie
Peut-être ils n'avaient pas cueillie,
Nul du moins ne la cueillera.

1907.

Vers la Paix

I

DIALOGUE INTÉRIEUR

Écoute dans ton cœur la fantaisie ailée ;
Prête à prendre son vol, elle chante et sourit.
Laisse dormir au fond de ton âme troublée
Le deuil silencieux à la tête voilée ;
La fantaisie est là qui t'appelle et qui fuit.
Pars, vole aussi, suis-la ; la joie est fugitive
Comme la fantaisie ; et comme elle craintive,
Cachant son jeune front sous l'or de ses cheveux,
Son beau sein sous les plis de sa robe entr'ouverte,
Timide et prête à fuir à la première alerte,
Elle vient à pas lents comme marchent les dieux.
Vois, sa main nous fait signe, il faut qu'on lui réponde ;
Elle s'éloignera, laissant vide le monde,
Si nous n'entendons pas l'appel mystérieux.
Eh bien ! qu'elle s'éloigne et cherche dans l'espace
Un sol vierge où poser son pied quand elle passe,
Sans déchirer sa chair aux ronces des buissons ;
Qu'elle regarde au ciel l'aurore qui se lève,
Pour conduire en dansant jusqu'au pays du rêve
Son cortège léger de rire et de chansons !

Nous, trop instruits déjà des douleurs de la vie,
Tout en suivant son vol avec des yeux d'envie,
Tristes, nous resterons attachés ici-bas ;
Nous la verrons partir, et ne la suivrons pas.

Écoute dans ton cœur chanter la fantaisie ;
Tu résistes en vain, ta souffrance s'endort ;
L'aile ouverte au soleil, la blanche Poésie,
Debout, les yeux brillants, souriant sans effort,
Est prête à l'emporter dans sa route divine.
Ouvre tes bras jaloux croisés sur ta poitrine ;
Écoute enfin, souris, laisse dormir ton cœur ;
Comme sur un tombeau refermes-y la pierre ;
Aspire à pleins poumons la vie et la lumière ;
Nourris-toi pour un temps de l'ombre du bonheur.

Une ombre, tu l'as dit, hélas ! un heureux songe
Qui caresse, qui berce et trompe ; un songe vain
Dont la voix décevante et les yeux de mensonge
Nous leurrent par l'appas d'un mirage divin.
Ô songe effacé ! chère et furtive apparence !
Et moi peut-être aussi, la joyeuse espérance
A bercé dans ses bras mes rêves amoureux ;
Peut-être qu'autrefois, le cœur plein de folie,
Aux instants fugitifs où la raison s'oublie,
J'ai cru que l'homme avait le pouvoir d'être heureux.

Écoute dans ton cœur cette voix triomphale.
Comme rit la nature à l'aube matinale,

Ainsi les doux regards de l'espérance en fleur
Font revivre ton âme et taire ta douleur.
Viens aux pays lointains, ton espoir, ta patrie ;
Viens fouler de tes pas une terre fleurie ;
Viens posséder les biens qui ne périront plus :
Viens où Platon, l'amant immortel des Idées,
Sent vivre en lui, du jour qu'il les a possédées,
L'impérissable amour des êtres absolus.

Mes pieds se sont meurtris aux pierres de la route ;
Aux rayons de la foi j'ai marché jusqu'au soir ;
La foi s'est envolée, et voici que le doute
Se lève sur ma vie, et fait mon ciel plus noir.
Je ne vois plus là-haut mon étoile fidèle.
Ah ! quand le vol puissant de l'Idée éternelle
Passait sur moi, pareil au souffle de la mer,
Alors brûlait d'amour mon âme soulevée,
Et je voyais, longtemps pressentie et rêvée,
La sainte Vérité surgir comme un éclair.

Écoute dans ton cœur la foi mystérieuse ;
Cherche dans les débris de ta pensée en deuil ;
Tu la retrouveras, cette fleur précieuse,
Comme un bijou caché dans les os d'un cercueil.
Songe à la vérité, ta loi, ta nourriture ;
Vois sourire et durer la sereine nature ;
Vois comme la lumière en baigne les contours ;
Vois la beauté, l'amour, la joie et l'harmonie
Répandent sur son sein une paix infinie,

Et leurs hymnes divins la berceront toujours.

Ni les champs, ni les bois, ni le ciel, ni la terre,
Ne calmeront jamais l'angoisse de l'esprit,
Sa soif de vérité que rien ne désaltère,
Sa blessure, que nul remède ne guérit.
Il fouille la nature, il torture les choses,
Remuant le chaos des effets et des causes,
Sans étreindre le corps de la réalité.
L'espace entend gémir dans ses routes profondes
Cet éternel soupir qui s'exhale des mondes,
Et ce cri de douleur que l'Esprit a jeté.

Écoute dans ton cœur l'indomptable Pensée.
Si parfois elle hésite, inquiète et lassée,
Les yeux perdus au fond de l'horizon lointain,
Pleine d'incertitude et cherchant son chemin,
Songe à l'arrêt de l'aigle, à son divin vertige,
Quand, sur les pics aigus où son vol le dirige,
A cette heure où surgit le matin glorieux,
Il se pose soudain, ayant dans ses prunelles
Le resplendissement des neiges éternelles,
Et les brûlants rayons de la clarté des cieux.

Que Platon, que Hegel, ces rois d'intelligence,
Élus à qui Dieu fait pressentir son essence,
Embrassant l'infini de leur vol large et sûr,
S'arrêtent tout à coup, pleins de trouble et de joie,
Et, voyant rayonner au loin leur sainte proie,

N'osent, simples mortels, toucher à l'Esprit pur :
Ainsi tremble l'amant devant la bien-aimée ;
Il sent mourir son âme éperdue et charmée ;
Sa force l'abandonne et sa parole a fui :
Mais il la voit sourire, et sait qu'elle est à lui.
Rouvrez vos yeux ravis, allez, esprits sublimes.
Il est à vous, l'air pur qui passe sur les cimes,
À vous l'espace libre, à vous la vérité,
Le soleil des esprits, le bien intelligible,
Inconnu de la terre, ineffable, intangible,
Éblouissant de gloire en son éternité.
Mais nous, esprits obscurs rampant dans la poussière,
Qui nous enseignera les routes de lumière ?
Le froid tombe d'en haut sur nos fronts en sueur ;
Nos pieds saignent encor, déchirés aux épines ;
Le sol fuit sous nos pas, l'air manque à nos poitrines ;
Nous distinguons à peine une faible lueur.
Ô déserts de l'esprit ! solitude glacée !
Comme pèse ce vide à notre âme lassée !
Que la nuée est sombre et hautains les sommets
Où nos pas épuisés ne marcheront jamais !
À toi, vérité pure, à vous, clartés sereines,
Notre sanglant amour, vraie âme de nos veines,
À vous nos longs appels, notre éternel désir,
Nos bras désespérés ouverts pour vous saisir.
Mais comme vous tardez, déesses, à descendre !
Oh ! sous le ciel muet si je pouvais entendre
Le doux bruissement de vos ailes sur moi !
Si la fraîcheur du soir, si la brise légère,

Si le son inconnu d'une voix messagère,
M'apportait un écho d'espérance et de foi !
Ah ! qu'avant de mourir mon âme te salue,
Que mes yeux altérés s'abreuvent de ta vue,
Être éternel et pur, et que mon cœur brûlant
Un jour puisse t'étreindre en son dernier élan !
Mais vous n'exaucez pas, puissances favorables,
Dans votre ciel altier les cris des misérables,
Et bien loin au-dessus des terrestres brouillards,
Le vol de l'aigle seul mérite vos regards.

Écoute dans ton cœur : le chant de la jeunesse
Résonne tout au fond comme un vivant accord ;
Ne te dérobe pas à cette chaude ivresse ;
Marche les yeux fermés, laisse-toi prendre encor.
Cueille sur ton chemin les blanches fleurs du songe,
Cueille, et si ton erreur divine se prolonge,
C'est un gain sur la mort qui voudrait t'engloutir.
Ah ! ne la laisse pas porter ses mains fatales
Sur ces fleurs de ton rêve, et flétrir ces pétales
Dont l'odeur enivrante est si douce à sentir !

Non, ma jeunesse est morte et les fleurs sont flétries ;
Le soir tombe en silence et les chants ont cessé ;
Mon cœur aussi se tait ; vois dans mes mains meurtries
Achever de mourir ces débris du passé.
Ah ! quand je serai cendre et poussière moi-même,
Quand pour mes yeux éteints viendra la nuit suprême,

Puisse un dieu favorable accorder à mes os
Et le même silence, et le même repos.

Écoute en toi l'orgueil, muette sentinelle,
Qui veille tout armée aux portes de ton cœur,
Opposant à l'assaut de la force éternelle
Un éternel refus plus fort que la douleur.
N'as-tu pas conservé ta volonté profonde
Qui peut seule, debout, se dresser sur le monde,
Quand la foi croule et meurt, quand l'espérance a fui,
Et dire tout haut « Non », quand l'univers dit « Oui » ?
Asile inviolé des heures de détresse !
Rentre, âme triomphante, en cette forteresse.
Exerce en souveraine un vouloir absolu ;
Maîtresse du royaume où les dieux t'ont placée,
Ne livre pas ta triste et hautaine pensée ;
Sois un vivant mystère où nul œil n'aura lu.
Et quand le jour viendra de la fin de ta vie,
Pars libre, sans regret, sans plainte, sans envie ;
En silence, à celui pour qui tu la gardais,
Rends cette place forte où tu te défendais ;
Rends les troupes aussi qu'il t'avait confiées,
Et sors, tambours battants, enseignes déployées.

Viens donc, ô cher silence, ensevelir mon cœur !
Adversaire invaincu d'un sort inexorable,
Refuge toujours sûr, ami, libérateur,
Viens, cache ma pensée, ô voile favorable !

Sur mon rêve détruit, sur mon jaloux orgueil,
Je laisserai tomber la pierre du cercueil.
Qu'en cette obscurité mon âme se repose !
Elle n'attend plus rien d'un inutile effort ;
Mais toi, tu survivras dans cette tombe close,
Soupir inconsolé, désir poignant et fort,
Secret appel, amour fait pour étreindre un monde,
Chaude aspiration, plainte sourde et profonde
Qu'à peine apaisera le calme de la mort.

1895.

II

PRIÈRE ET MÉDITATION

Ô substance du monde, éternelle, incréée,
Donne-nous d'entrevoir ton unité sacrée ;
Éclaire-nous ; apprends à nos cœurs tourmentés
À savoir ressentir tes hautes voluptés.
Détache les liens de notre intelligence ;
Ouvre nos yeux mortels fermés à ta présence ;
Pose ta sainte règle au fond de nos esprits,
Pour que nous estimions chaque chose à son prix.
Captifs, sans ton secours, en la caverne sombre,
Nous ne distinguons pas la substance de l'ombre ;
Ignorants de la vie et dédaigneux du jour,
Nous souffrons et mourons de notre erreur d'amour.
Mais paraisse un rayon de lumière éternelle,
Qu'un jour la vérité nous touche de son aile,

Alors s'effacera notre songe incertain,
Comme un obscur fantôme à l'aube du matin.
Pour éteindre d'un coup nos ardeurs insensées,
Descends, Pensée immense, au sein de nos pensées,
Et porte-leur repos, apaisement et foi,
Rien qu'en nous révélant que nous vivons en toi.

Tu les disais, Jésus, les vivantes paroles ;
L'humanité, nourrie au lait de tes symboles,
En garde sur sa lèvre un goût délicieux.
Elle marche à pas lents vers son jour qui décline,
Penchée, et regrettant la semence divine.
Qui tombait de ta bouche en descendant des cieux.

Oh ! qui retrouvera ta voix consolatrice ?
Quelle main fermera l'antique cicatrice.
Qui saigne au flanc de l'homme ? Et vers qui crierons-nous ?
Car le temps a détruit ta sublime réponse.
Et ton Verbe est muet, et le jour qui s'annonce
N'a rien qui nous incline à tomber à genoux.

Mais le regret te suit, comme un voyageur triste
Suit de l'œil en arrière une ombre qui persiste,
L'ombre de son foyer, le nid de son bonheur ;
Il va dans l'inconnu des mornes destinées,
Mais en se séparant de ses jeunes années,
Il sait bien qu'il y laisse une part de son cœur.

Ainsi l'humanité, de ta voie arrachée,
Sent au plus profond d'elle une source cachée,
D'où jaillit en pleurant l'irrévocable adieu ;
Et jusqu'en ses moments de désordre et d'ivresse,
Elle regrettera l'ineffable tendresse,
Dont tu charmais son âme en lui révélant Dieu.

Mais l'avenir t'appelle et commande, ô Pensée,
Éternel Pèlerin ! Dans ta marche lassée,
En vain tu voudrais boire où tes pères ont bu ;
Leur soif était ardente et la source est tarie ;
C'est à toi de chercher ta nouvelle patrie,
Et de camper où nul encor n'est parvenu.

Pour guider tes pas lents vers la Terre promise,
Dieu ne t'enverra plus peut-être de Moïse ;
L'heure triste a sonné de ta virilité ;
Sans vigie et sans chef, par les obscures routes,
Tu tâtonneras seule, et l'essaim de tes doutes
Confus te cachera souvent la vérité.

À des traces de sang je suivrais ton voyage,
Pèlerin éternel ! Partout sur ton passage
Ton âme indestructible a semé des lambeaux.
La route où tu passas, pour bornes milliaires,
À tes grandes douleurs, impérissables pierres ;
C'est un chemin lugubre et bordé de tombeaux.

Des voix ont consolé parfois ta rude marche.
Des prophètes divins, portant devant toi l'arche,
Chantant dans le désert des chants victorieux,
Ont, les regards levés, montré du doigt l'étoile
Que la foi nous découvre et que la raison voile,
Et marqué pour un temps sa place dans les cieux.

Heureux qui put, au son de ces chansons divines,
L'esprit et le cœur pleins, s'asseoir dans les ruines,
Au milieu des débris du grand labeur humain,
Et reposer, certain de l'aurore éternelle,
Son désir affranchi de toute ardeur mortelle
Et ses pieds déchirés aux ronces du chemin !

Bien-aimés enchanteurs, ô prophètes, poètes,
Musiciens, berceurs de nos peines secrètes,
Ô ravisseurs du feu que garde un dieu jaloux,
Quand brillent vos esprits comme des traits de flamme,
Un éclair d'infini vient transpercer notre âme ;
Le mystère divin se manifeste à nous.

Mais votre voix s'est tue, et la pensée humaine,
Déployant hardiment sa marche souveraine,
Recommence sans vous son libre et fier effort ;
Elle va le front haut dans les nuits sans étoiles,
De son geste intrépide écartant tous les voiles,
Embrassant d'un coup d'œil la science et la mort.

Comprendre, aimer, mourir : forme triple et profonde,
Qui règle l'harmonie et le rythme du monde ;
S'anéantir pour soi, puis refleurir ailleurs,
N'être qu'un simple point de la courbe tracée
Pour l'intégration de l'immense Pensée,
Un passage éphémère à des états meilleurs ;

Voilà ce qui nous trouble en nos désirs vulgaires.
Mais si nous connaissions ces augustes mystères,
Ce rythme intérieur de la Divinité,
Alors, comme autrefois l'empereur Marc-Aurèle,
Nous vivrions, les yeux sur l'absolu modèle,.
Réjouis à jamais par sa seule beauté.

Monte donc, ô Pensée, et va jusqu'aux portiques
Où vit encor l'esprit de tes maîtres mystiques.
Les vents y font passer un frisson éternel ;
Mais claires, au-dessus de ces hautains asiles,
Les constellations rayonnent, immobiles,
Et tu te baigneras dans la splendeur du ciel.

1899.

III

NUNC DIMITTIS

Retourne-toi, mon âme, et regarde en arrière ;
Tu n'auras pas en vain gravi ce dur calvaire ;
Tu n'auras pas en vain souffert, gémi, lutté :
Réjouis-toi, rends grâce à la pitié divine,
      Qui jusqu'à toi s'incline
Et t'envoie un rayon de son éternité.

Salut, jour bienheureux qu'appelait ma pensée,
Vérité pressentie et jamais embrassée,
Soleil intelligible embrumé si longtemps !
Tes rayons sont si beaux, si douce est ta lumière,
      En son aube première,
Qu'on ne se souvient plus de la longueur des ans.

Tu n'es pas trop payé par nos pleurs, bien suprême,
Par nos déchirements, notre désespoir même ;
Un sens était caché dans ce marché divin.
Tel autrefois Pascal, plein d'orgueil et de joie,
      Immolait, vile proie,
La certitude étroite à l'immense incertain.

Sainte mathématique, équation hardie !
Donnez tout sans compter, donnez l'esprit, la vie ;
L'illogisme suprême est suprême raison.
Donnez vos deuils profonds et vos amours muettes,
      Dont les pointes secrètes
Distillaient dans votre âme amertume et poison.

J'ai semé dans les pleurs pour récolter la joie.
Il est enfin venu, le rayon qui foudroie,
La voix du Sinaï tonnant dans le désert,
Et qui peut devenir, dans la douceur bénie
      De sa pleine harmonie,
La brise pacifique et dormant sur la mer.

Mon âme est dans mon sein comme une mer calmée ;
Sa respiration vaste, lente et rythmée
Boit le souffle du large et l'espace profond,
Elle sent tressaillir sa liberté vivante,
      Qui se lève et qui chante
La haute Marseillaise aux accords de clairon.

Trompette de l'Esprit, Marseillaise sacrée,
Toi qu'a fait retentir en musique inspirée
Parfois, pour les humains, l'âme de Beethoven,
Ton accent m'a parlé ; je te comprends, je t'aime
      Jusque dans la mort même. —
Seigneur, *nunc dimittis servum tuum*. Amen.

Acte, Cause, Raison, Mouvement, Énergie,
Nos morts sont le tissu qui compose ta vie ;
Nous sommes les moments de ton éternité ;
Les notes de l'accord de la Lyre sonore
      Dont jadis Pythagore
Entendait en esprit l'harmonique beauté.

Nous sommes cet amas de poussière féconde,
De substance vivante où s'enfante le monde ;
Nous sommes le multiple aidant à faire l'un,
Tes éléments obscurs et tes légers atomes,
      Dont les subtils aromes
Composent la douceur de ton divin parfum.

Nous sommes tes soldats, les agents de ta gloire ;
Un peu de notre sang, rançon de ta victoire,
Sera dans les rayons de ton jour triomphal.
Ainsi pourra revivre en ta vie éternelle
      Notre race mortelle
Pour autant qu'elle aura servi ton idéal.

Périront les douleurs, les maux, les injustices,
Les êtres de néant, chefs, suppôts et complices,
Et le faux, et le laid, et l'irrationnel,
Et le mensonge vil, et l'intérêt sordide,
  Et le plat, et le vide,
Tout ce qui rampe et plie et ne voit rien du ciel.

Vivront la liberté, la beauté, la droiture,
La science aux yeux clairs qui fouille la nature,
Les battements profonds des cœurs religieux,
Les sublimes élans de la philosophie,
  La sainte Poésie,
L'espérance, la foi, l'Amour mystérieux.

Eh bien, souffle le vent et vogue la galère !
Je sens mon esprit libre et mon âme légère ;
« Paraissez, Navarrois, Maures et Castillans ! »
Ma pensée est armée, et tout mal, toute peine,
  Toute injustice humaine
Sur le roc de mon cœur se brisera longtemps.

Nunc dimittis… Repos au bout de la journée,
Calme du soir, sommeil. La nuit illuminée
Descend en souriant sur notre camp humain.
Fermons les yeux, rendons à l'Âme universelle
  L'humble et faible parcelle
Prêtée un court instant pour un bout de chemin.

1901.

1883-1885

SILENCE

Silence, âme brisée ! un peu de temps encore
Et tu t'endormiras, tranquille, pour toujours.
Vois, l'horizon au loin déjà se décolore ;
Jusqu'au suprême soir, les moments seront courts.

Les larmes de tes yeux seront vite effacées :
Vois sécher l'eau du ciel quand le soleil a lui.
Pourquoi jeter au vent ces plaintes insensées.
Qui volent sur son aile et mourront avec lui ?

Crois-tu donc émouvoir l'impassible nature,
Ô pauvre être d'un jour, par ton cri de douleur ?
Et qu'en voyant saigner ta secrète blessure,
Quelque larme d'en haut tombera sur ton cœur ?

Le Ciel ne pleure pas sur les douleurs humaines.
Ce cri désespéré que tu jetais vers lui
Ne montera jamais à ces hauteurs sereines
Où les astres muets roulent dans l'infini.

Ce sanglot qui sortait du fond de tes entrailles,
Profond et déchirant, meurt à peine exhalé
Comme le son lointain d'un chant de funérailles

Ou le dernier écho d'un adieu d'exilé.

Écoute : le soupir du vent qui se lamente.
Sur la plaine déserte ou sur d'âpres sommets,
Le murmure des flots battus par la tourmente,
Ces éternelles voix ne se tairont jamais.

Écoute-les gémir et se plaindre sans trêve
Sur un rythme poignant, vieux comme l'univers,
Caresser en pleurant le sable de la grève
Ou jaillir en sanglots de l'abîme des mers.

Mais, sitôt que la nuit découvre les étoiles,
Les espaces profonds s'illuminent soudain ;
Les astres éternels apparaissent sans voiles
Dans un silence auguste, au fond du ciel serein.

Ils suivent un chemin qui jamais ne varie,
Ils passent loin de nous, muets et lumineux :
Ni les vents déchaînés, ni la mer en furie,
Ne pleurent assez haut pour être entendus d'eux.

Et tu crois, insensé, dans ton orgueil étrange,
Te faire entendre mieux que la mer et les vents !
Comme si tu tenais ce clairon de l'archange
Qui réveille les morts et glace les vivants !

On ne t'entendra pas. Silence, âme brisée !
Étouffe tes élans, cœur jeune et révolté.

Ton courage est à bout, ta force est épuisée :
Qu'importe, si du moins ton orgueil t'est resté ?

L'orgueil, ce dernier bien qu'un Dieu jaloux nous laisse,
Le meilleur, le plus cher des trésors d'ici-bas,
Qu'on torture, il est vrai, qu'on déchire et qu'on blesse,
Et que l'on peut tuer, mais qu'on ne courbe pas.

Va donc, fais jusqu'au bout ta tâche inévitable.
Silencieux, stoïque, et sans jamais fléchir,
Porte patiemment le fardeau qui t'accable ;
Espère dans la mort qui viendra t'affranchir.

Tel un obscur soldat, martyr de sa consigne,
Sentinelle gardant quelque point avancé,
Entouré, se défend sans rompre d'une ligne,
Et meurt debout au poste où son chef l'a placé.

1886.

CÔTE DE GASCOGNE

Ô murmures des pins ! ô senteurs forestières
Ô dunes, longs remparts dressés sur l'horizon !
Ô fleurs d'or des genêts ! fleurs roses des bruyères !
Landes fuyant au loin, et vous, hautes fougères !
Ô sol vierge, à jamais rebelle à la moisson !

J'aime, inculte pays, ta tristesse sauvage,
Ta forêt éternelle et tes plaines sans fin,
Soit que le vent d'automne en passant les ravage,
Soit que le flot calmé, caressant ton rivage,
S'endorme mollement au souffle du matin.

Je t'aime, large mer en naufrages féconde,
Où tant de matelots qui ne reviendront pas
Dorment ensevelis dans une paix profonde,
Tandis qu'au-dessus d'eux ta grande voix qui gronde

Au sein de l'ouragan retentit comme un glas.

Je vous aime, grands pins à la noire verdure,
Peuple étrange et muet du littoral désert,
Vous qui ceignez la mer d'une sombre ceinture,
Et pliant sous le vent ainsi qu'une mâture,
Mirez dans l'Océan votre front toujours vert.

Sur quoi rêvez-vous donc, ô sombres sentinelles,
Qui gardez cette côte avec un soin jaloux ?
Quand les voiles en mer passent comme des ailes,
Votre front sourcilleux se dresse devant elles,
Comme un ordre éternel de s'éloigner de vous.

Ah ! puisse à la frontière une forêt humaine
Prendre exemple sur vous, chers arbres de la mer !
Que notre peuple entier, dans sa vigueur sereine,
Rêvant dans le silence à la lutte prochaine,
Soit debout comme vous, sombre, immobile et fier.

1883.

REGRET

Ô France d'autrefois, guerrière et triomphale,
Laisse-nous respirer ton passé, d'où s'exhale,
Souffle épique passant dans les drapeaux soyeux,
Ton âme de lumière aux clairs regards joyeux.
Comme tes trois couleurs, arc-en-ciel des armées,
Flottaient au firmament au vent des destinées,
Éblouissant *velum* sur l'éclair du combat,
Apportant dans leurs plis le magique *Fiat* !
Alors ces grands semeurs, ivres de leurs conquêtes,
Qui labouraient le sol avec des baïonnettes,
Et qui le fécondaient de semailles de sang,
Et qui le déchiraient, comme d'un soc puissant,
Avec le roulement des lourdes batteries,
Et qui le foudroyaient de leurs artilleries,
Voyaient, l'été suivant, dans les mêmes sillons,
Mûrir au grand soleil leurs guerrières moissons.

L'épanouissement des sanglantes semailles,
C'était ce grain levé pour le vent des batailles,
Ces jeunes régiments que la gloire enivrait,
Tous ayant sur le front le baptême secret ;
Tous couronnés d'espoir comme d'un diadème,
Souriant à la mort, leur amante suprême ;
Tous marchant au canon, leur autel nuptial,
Sous la rouge lueur du ciel impérial ;
Tous joyeux, s'avançant avec un air de fête
Dans les champs balayés d'un souffle de tempête
Où flambait le soleil, où l'aigle au large vol
Projetait en passant son ombre sur le sol.
Alors, comme un essaim d'oiseaux dans les prairies,
S'envolaient vers le ciel les fières sonneries,
Le clairon matinal, ce chant du coq gaulois,
Que les échos voisins répercutaient vingt fois.
Souviens-toi de ce chant, souviens-toi, vieille Europe !
Une autre politique aujourd'hui t'enveloppe ;
Un kaiser te regarde, et tu baisses les yeux ;
L'Angleterre dessine un geste impérieux ;
Un seul mot de sa bouche, un signe, et tu t'effares,
Pourtant tu te souviens du son de nos fanfares ;
Tu n'as pas oublié sur quel air nous chantions :
« Aux armes, citoyens ! formez vos bataillons ! »

À MES RÊVES

Ne t'égare pas, ma pauvre pensée,
Ne t'envole pas trop haut dans l'azur ;
Redescendre en bas me serait trop dur ;
Suis tout doucement la route tracée.
Ne t'égare pas, ma pauvre pensée,
Ne t'envole pas trop haut dans l'azur.

Ne m'entraîne pas, cher rêve que j'aime,
Mirage enchanteur de mes yeux charmés,
Vers ces beaux pays qui me sont fermés,
Douce illusion, vision suprême.
Ne m'entraîne pas, cher rêve que j'aime,
Vers ces beaux pays qui me sont fermés.

Ne voltigez pas, flottantes images,
Fantômes légers, près de moi, la nuit,

Puisque vous fuyez lorsque le jour luit,
Ainsi qu'au soleil fondent les nuages.
Ne voltigez pas, flottantes images,
Fantômes légers, près de moi, la nuit.

Laissez-moi dormir d'un sommeil sans rêves,
Ne me bercez pas de chants inconnus,
D'airs mystérieux et vagues, venus
Sur l'aile des vents, de lointaines grèves.
Laissez-moi dormir d'un sommeil sans rêves,
Ne me bercez pas de chants inconnus.

Ne me parle pas, voix profonde et douce ;
J'ai peur de t'aimer, ne me parle pas,
Mon cœur est déjà si triste et si las !
J'ai peur de souffrir, et je te repousse.
Ne me parle pas, voix profonde et douce,
J'ai peur de t'aimer, ne me parle pas.

Laisse, laisse-moi glisser en silence,
Comme un cygne altier sur un lac dormant.
Son aile est ouverte et, gonflée au vent,
Blanche, sur le flot rythmé se balance,
Et vivant navire, il trace en silence
Son sillage étroit sur le lac dormant.

Puissé-je de même, ô mer infinie,
L'aile ouverte au vent, passer sur tes flots,
Pour aller dormir au sein du repos,

Le cœur apaisé par ton harmonie !
Puissé-je de même, ô mer infinie,
L'aile ouverte au vent, passer sur tes flots,

SONNET D'ADIEU
POUR LE DÉPART D'UNE PROMOTION DE SÉVRIENNES

Adieu, chère maison, où trois ans de ma vie
Ont coulé doucement, pleins de calme et de paix.
Doux oiseaux familiers, verdure, ombrage frais,
Je tournerai vers vous souvent un œil d'envie.

Je sais que je vous quitte et j'ignore où je vais.
Le monde est plein, dit-on, de mal, de perfidie.
Envoyez-moi du moins une pensée amie,
Parfois, vous qui restez dans ces lieux que j'aimais.

Nous emportons d'ici des amitiés fidèles ;
L'absence ni le temps ne pourront rien sur elles.
C'est un lien bien fort, celui qui nous unit.

Peut-être aux quatre vents nous serons dispersées ;
Mais nous réunirons nos cœurs et nos pensées
Dans un regret commun de notre cher vieux nid.

                                      1885.

1885-1896

À UN JEUNE OFFICIER
TUÉ AU DAHOMEY

❧

Adieu. Pour d'autres morts nous donnerons des larmes ;
Mais pour toi nous aurons des saluts et des fleurs ;
Sur toi rayonnera le saint éclat des armes ;
À qui verse son sang, il ne faut pas de pleurs.

Adieu. Tu n'as besoin de deuil ni de tristesse.
Un rayon t'éclairait quand tu t'es endormi.
Tes frères, les héros frappés dans leur jeunesse,
T'entoureront là-bas de leur cortège ami.

Repose dans ta tombe inconnue et lointaine ;
Va, la France t'a vu, tu ne seras pas seul ;
Son âme gémira comme une voix humaine,
Et les plis du drapeau seront ton doux linceul.

Et sur toi brilleront dans leur splendeur antique
Le ciel bleu, la lumière et le brûlant soleil,
Et la tranquillité de la terre d'Afrique
D'un silence profond bercera ton sommeil.

1892.

BEAUTÉ

Beauté consolatrice, éclair de vérité,
Ô révélation triomphante et certaine,
Douce langue sans mots qui parle à l'âme humaine,
Toi que tous ont sentie et dont nul n'a douté,

Effleure de tes pieds le chemin de la vie ;
Fais que l'homme te voie et qu'il soit consolé ;
Sois la voile qui passe et porte à l'exilé
Un souvenir lointain, parfum de la patrie.

Déchire les brouillards de notre ciel obscur ;
Parais, éclaire-nous, sourire de la terre ;
Viens ; ton manteau d'amour, ta robe de mystère,
Ta couronne de joie éblouiront l'azur.

Plus jamais ne pourra celui que ton passage

Une fois a troublé d'effroi délicieux
Oublier ta lumière, et bannir de ses yeux
Le poignant souvenir de ton divin visage.

Mais ce passage seul était un don pour nous ;
Et dans l'effacement de ta trace sacrée,
Tu laisseras à ceux qui t'auront rencontrée
Un rayon de ton charme impérieux et doux.

À PROPOS DU *MAROC*
DE PIERRE LOTI

Vous souvenez-vous qu'en lisant
Ce livre triste et poétique,
Vous sentiez quel charme puissant
Flotte sur la terre d'Afrique ?

Hélas ! comme ils sont loin de nous,
Muets dans leurs antiques poses,
Ces beaux Arabes en burnous,
Sur leurs selles vertes et roses !

Hélas ! hélas ! qu'ils sont heureux !
Allah leur a fait la part belle.
Ils vont, et la vie est pour eux
Une chevauchée éternelle.

Oh ! ne les civilisons pas,
Ces fils des races musulmanes !
Laissons en paix, là-bas, là-bas,
Passer leurs longues caravanes.

AUVERGNE

Auvergne, cher pays, dans ton sol basaltique,
Dans les rochers, tes bois, tes rapides torrents,
Tes sommets dénudés et tes lacs transparents,
Respire et vit encor la vieille âme celtique.

Les vents de la montagne, ô pays rude et fort,
Aiment à tournoyer sur tes cimes désertes
Et bercent en pleurant, le long des pentes vertes
Le souvenir éteint du pauvre volcan mort.

Tes lacs silencieux dorment dans tes cratères,
Yeux liquides au fond de ces grands entonnoirs,
Tournant, du sein des rocs et des bois solitaires,
Vers le ciel étoilé leurs sauvages miroirs.

L'âme des chefs défunts qui semaient l'épouvante

Frémit encor dans les basaltes écroulés,
Et Vercingétorix, sur les monts dentelés,
Fait passer quelquefois son haleine vivante.

Seul le soleil de Rome et du cruel César,
Jadis, au triste temps de la Gaule affligée,
Avait laissé tomber sur sa tête égorgée
Du haut du ciel muet un hostile regard.

Mais un gémissement secret de la patrie,
Un sanglot des torrents arvernes, un soupir,
Passant tristement sur la montagne fleurie,
Avait dit aux Gaulois : « Le chef vient de mourir. »

Et, comme vers son nid au printemps l'hirondelle,
Comme l'aigle à son aire accrochée au sommet
Des monts, — ainsi, rapide, au pays qu'il aimait,
L'âme du grand vaincu revint à tire-d'aile.

Chère âme, reste là dans les rocs et les fleurs,
Dans ta haute attitude et ton rêve sublime,
Afin que ta pensée ardente et magnanime
Arme notre énergie et féconde nos cœurs.

SOUVENIRS DE BRETAGNE

Les rocs de Ploumanac'h, sous la chaude lumière,
Découpent sur la mer leur granit rouge et dur ;
La mer bat avec bruit ces hautes tours de pierre ;
Les Sept-Îles là-bas se dressent dans l'air pur.

Qui nous ramènera sur cette côte aimée ?
Qui nous rendra le chant du pêcheur, le ciel clair,
Le vieux parler celtique et sa douceur rythmée,
La mouette au vol blanc qui plane sur la mer ?

Comme flottait au vent cette coiffe bretonne !
Comme ces chemins creux fuyaient dans les ajoncs !
Comme ces vieux vitraux, où le soleil rayonne,
Versaient avec douceur leur reflet sur nos fronts !

Les antiques murs bas autour des cimetières,

Les calvaires aux bras largement étendus,
Les ossuaires pleins demandant les prières,
Les yeux des saints de bois, dans l'infini perdus ;

Les vastes nefs qu'emplit l'ombre mystérieuse,
Les vieux autels sculptés, et le hardi Creizker,
Élançant vers le ciel sa flèche merveilleuse,
Aiguille aux tons dorés, faite de pierre et d'air ;

Les silènes fleuris au pied du sémaphore,
Et sous le clair soleil les marsouins émergeant,
De leur queue, en jouant, frappant la mer sonore,
Élevant leurs dos noirs sur l'écume d'argent ;

Tréguier, le Minihy, la chapelle Saint-Yves,
Les landes du pays de Saint-Pol-de-Léon,
Pleines d'ajoncs dorés et de bruyères vives ;
Et la croix en granit sombre de Kersauson ;

Où sont-ils ? — Pays des séculaires croyances,
Salut, âme sauvage et tille de la mer,
Où flotte le parfum d'antiques existences,
Bretagne au front candide, au cœur profond et fier.

SUR LE PORTRAIT
D'UN JEUNE HOMME INCONNU
À UNE EXPOSITION DE TABLEAUX

La douceur de vos yeux est comme une caresse ;
Leur charme est comme un rêve ; et dans leur profondeur
Flotte, mystérieuse, une ombre de tristesse,
Comme un brouillard léger sur un arbuste en fleur.

Et je me suis laissé prendre à cette douceur,
À ce charme éternel d'amour et de jeunesse,
Enchantement des yeux, philtre secret du cœur.
Je les revois, ces yeux, je les revois sans cesse.

Adieu, cher inconnu. Je te perds pour jamais,
Moi qui rêvais à toi — qui peut-être t'aimais ;
Et je ne saurai pas où vont tes destinées.

Adieu. Tes yeux charmants diront à d'autres yeux
Dans la langue du cœur des mots mystérieux.
Une autre cueillera la fleur de tes années.

1890.

LE XOANON

Le raide xoanon, enfermé dans sa gaine,
Gît sur le sol abrupt d'un roc de l'Archipel ;
Délaissé de la foule, il n'entend plus l'appel
Des dévots d'autrefois parlant en langue hellène.

Ses yeux inexpressifs, sous la splendeur du ciel,
Regardent fixement jusqu'à la mer sereine,
Où le vent d'Ionie à molle et tiède haleine
En passant fait fleurir un sourire immortel.

C'est l'humide chemin par où les nefs fleuries
Voguaient jadis, menant le chœur des théories,
Hommage triomphal pour la divinité.

Mais sur les flots déserts la musique s'est tue.

Nul ne vient couronner l'archaïque statue,
Seule dans le silence et l'immobilité.

1895.

1896-1907

EN RECEVANT L'ORDRE INATTENDU DE QUITTER L'ÉCOLE DE SÈVRES APRÈS Y AVOIR ENSEIGNÉ TREIZE ANS

❦

Saigne, saigne, mon cœur, et pleure ta folie ;
Il fallait rester sec, insensible et fermé.
Ferme-toi maintenant et fais-toi pierre. Oublie.
Tu ne saignerais pas si tu n'avais aimé.

Saigne, saigne, mon cœur. Tu t'imaginais vivre
Quand un sang généreux refluait jusqu'à toi,
Quand tu battais plus fort à l'écho d'un beau livre,
Quand tu brûlais d'amour, d'espérance, de foi.

Il ne fallait pas vivre, il ne fallait pas croire.
Il fallait, attentif à tes seuls intérêts,
Interroger le vent et flairer la victoire,
Deviner le vainqueur, pour t'en servir après.

Tu te perdais, mon cœur, quand, ivre de pensée,
Parcourant les sentiers divins de l'absolu,
Tu frémissais tout bas d'une joie insensée.
Saigne, saigne, mon cœur ; c'est toi qui l'as voulu.

Nul ne te demandait cette flamme brûlante,
Mais un sermon moral gravement débité,
Sincèrement ou non, d'une voix froide et lente. —
De quoi te mêlais-tu d'aimer la vérité ?

        Août 1896.

À LA MER

Que redis-tu sans cesse, ô mer retentissante ?
Ta voix infatigable, aux innombrables sons,
Qui gronde quelquefois, qui se plaint et qui chante,
Sort éternellement des abîmes profonds.

La mouette, du vol de ses ployantes ailes,
Blanche comme l'écume à la crête des flots,
Plonge amoureusement dans tes vagues fidèles,
Et s'y nourrit du bruit de leurs obscurs sanglots,

Jamais, jamais de calme et jamais de silence,
Même lorsque le vent, faible comme un soupir,
Met une ride à peine à ta surface immense
Que sa caresse effleure et qui semble dormir.

Je t'aime, mer divine, âme libre et profonde,

Jalouse de garder au sein des flots secrets,
Cachée, inaccessible au regard qui te sonde,
L'énigme de ta vie enfermée à jamais.

Peut-être quelque amour, plus fort que le temps même,
S'enveloppe et palpite en ton immensité ;
Mais le sens est obscur de ce divin poème,
Et tu n'en laisses voir que la seule beauté.

Eh bien, que nous importe, ô ma sœur infinie !
Ne le découvre pas, ton sens mystérieux ;
Laisse ondoyer sur lui ta puissante harmonie,
Voile immense tendu pour le dérober mieux.

Comme la tienne, ô mer, mon âme est tourmentée,
Battue et soulevée au vent de la douleur,
Et ma pensée amère, orageuse, indomptée,
Se lamente et se brise aux grèves de mon cœur.

Salut, divine mer ! Le long de tes rivages,
L'âme libre qui souffre et pleure peut venir,
Au retentissement de tes accords sauvages,
Savourer la douceur de se ressouvenir.

Ô vents ! ô flots brillants ! blanches voiles lointaines,
Bruit des galets heurtés sur la plage en roulant,
Et toi, royal amant, dont les vagues sereines
Aspirent la clarté, soleil étincelant !

Loin de ce que j'aimais maintenant exilée
Pour n'avoir su plier, transiger, ni mentir,
Je vous livre à vous seuls mon âme inviolée,
Saignante de regret et non de repentir.

                                                    1896.

LE PASSÉ

Marche vers l'avenir sans détourner la tête.
En avant ! — Je ne puis. Malgré moi je m'arrête.
J'ai vu surgir, debout dans la brume du soir,
Un fantôme léger drapé d'un manteau noir,
Comme un mort relevé de sa funèbre couche,
Triste, les yeux rêveurs et le doigt sur sa bouche.
Ô souvenir que rien n'a jamais effacé !
C'est le fantôme enfui de mon bonheur passé.
Ses insondables yeux, pleins d'ombre et de lumière,
Ont encore un reflet de l'aurore première,
Quand, altérés de vie, ignorants du destin,
Mes regards aspiraient l'étoile du matin.
Ô maison ! ô jardin ! verdoyantes allées !
Lignes de l'horizon, coteaux, nuits étoilées !
Ô tournants familiers où surgissait souvent
Quelque visage ami ! Qui sait si maintenant,

Quelquefois, un écho des jours passés réveille
Le son des anciens pas si chers à mon oreille ?
Qui sait si les oiseaux, les arbres et les fleurs
Se souviennent aussi de jours plus beaux, meilleurs ;
Si le soleil, baissant derrière la colline,
Regarde avec pitié la maison orpheline
Où se sont à jamais, hélas ! éteints ces yeux
Qui venaient contempler son couchant radieux ?
Oui, vous vous souvenez, choses inanimées ;
La disparition de ces têtes aimées
Laisse un plus triste écho vibrer dans vos accents,
Et vous savez pleurer les morts et les absents.

Beaux arbres, vous formiez de grands arceaux gothiques
Où les vents murmuraient, mystérieux cantiques,
Chant terrestre montant vers le ciel qui sourit,
Salut de la nature à l'invisible Esprit.
Dans le léger frisson des feuilles remuées,
Dans les teintes du soir flottant sur les nuées,
Dans la tiédeur de l'air, dans l'odeur des lilas,
Le souvenir de ceux qui ne reviendront pas
Vient-il errer encor parfois ? Traces chéries,
Êtes-vous encor là ? Bancs chers aux rêveries,
Que ne puis-je vers vous revenir, et m'asseoir
Pour goûter le silence et le calme du soir !

Oh ! laissez-moi songer aux heures envolées
Où les pas familiers craquaient dans les allées,

Où parmi le feuillage une ombrelle passait.
Oh ! si jamais en moi mourait et s'effaçait
Ce souvenir, moi-même alors je serais morte.
La vie est faible, hélas ! mais la pensée est forte.
Elle demeure. En vain voudrait-on l'étouffer.
L'absence ni la mort n'en peuvent triompher.
Voix, démarche, regard, souriante ironie,
Le jour où j'oublierai votre chère harmonie,
Votre calme douceur, votre appel, votre accueil,
Mes os seront séchés au fond de mon cercueil.
Droiture inébranlable ! âme haute et sereine !
Elle plane sur nous dans sa paix souveraine,
Et nous nous souvenons, nous, de ce grand cœur fier
Comme d'un roc solide où se brise la mer.

FACHODA

Fachoda ! Fachoda ! syllabes lamentables !
Ô cher drapeau, c'étaient des jours impitoyables,
Quand l'ennemi campait sur notre sol fumant ;
Mais tu ne sentais pas le même abaissement,
Car tes plis déchirés flottaient irréprochables,
Ton honneur était pur comme le diamant.

Mais aujourd'hui, c'est toi qu'on insulte et soufflette,
C'est toi qu'on va charger comme un simple colis,
C'est toi que nos soldats, honteux de leur conquête,
Amèneront demain en signe de défaite ;
Car on sait maintenant parmi nos ennemis
« L'art de reprendre un fort que nos troupes ont pris ».

L'opinion se tait. Le silence complice
Jette sur notre honte un voile pudibond.

On feint de n'avoir pas même senti l'affront,
Tant on sait pousser loin l'esprit de sacrifice !
Mais moi je veux au moins qu'une voix retentisse ;
J'ouvrirai la blessure et j'irai jusqu'au fond.

Ô France, le joyau, la couronne du monde,
Comment es-tu tombée, étoile du matin ?
Qui t'a voilé le jour dans le ciel incertain ?
Quel obstacle interrompt ta carrière féconde ?
Comme sinistrement, dans ta chute profonde,
Semble t'accompagner le regard du Destin !

Tu prépares en vain des fêtes pacifiques ;
Comment oseras-tu convier l'univers,
Construire des palais, élever des portiques,
Dresser le jet hardi des courbes symboliques ?
Ironiques échos d'un éclatant revers,
On verra ton malheur et ta honte au travers.

Tu jetteras en vain ta robe de richesse
Sur ce noir souvenir. Le deuil des bataillons
Ne se rachète pas avec des millions,
L'or n'est pas assez pur pour laver la bassesse.
Pour que l'honneur regerme en sa prime jeunesse,
Il faut qu'un autre engrais féconde les sillons.

Ô France, inspire-toi seulement de toi-même !
Rejette le manteau dont on veut te couvrir.
Debout ! ne laisse pas la pitié t'attendrir :

Voici les derniers chants peut-être du poème.
Va ! Si l'heure a sonné de ton destin suprême,
À tes malheureux fils apprends à bien mourir.

1898.

À UNE PETITE FILLE MORTE

À peine elle a posé ses pieds sur cette terre,
D'où s'envolent trop tôt les êtres bien-aimés.
Ses yeux se sont ouverts un jour à la lumière,
  Et se sont refermés.

Elle n'aura rien su des choses de la vie,
Rien goûté de l'espoir et du bonheur humain,
De la jeunesse en fleur, triomphante et ravie,
  Qui rit du lendemain.

Elle n'a pas joui de la beauté sacrée
Qui vit et qui palpite en rythme harmonieux
Au sein du monde ; fleur par l'esprit respirée,
  Âme sensible aux yeux.

Elle n'a pas connu les brûlantes ivresses

De pensée et d'amour, d'espérance, de foi,
Pas senti la douceur divine des tendresses
      Que l'homme porte en soi.

Dans sa douce innocence elle s'est endormie.
Sans elle désormais fleurira le printemps.
Mais qui sait, pauvre enfant ? C'est une main amie
      Qui raccourcit tes ans.

Les orages du moins n'ont pas froissé tes ailes ;
Tu t'en vas sans savoir ce que c'est que souffrir ;
Tes yeux n'ont pas versé de ces larmes cruelles
      Qui font presque mourir.

Tu ne connaîtras pas les secrètes blessures.
Qui saignent dans le cœur silencieusement,
Les désespoirs profonds, les âpres meurtrissures,
      L'angoisse, le tourment.

En te cueillant si tôt le Destin t'a fait grâce.
Tous ceux de qui la vie a trop courbé le front,
Regardant derrière eux leur douloureuse trace,
      En secret t'envieront.

Adieu donc, douce enfant ! Que ton âme légère
Vole parmi les fleurs au souffle frais du soir,
Flotte sur un rayon, fasse luire sur terre
      Un ineffable espoir.

Viens quelquefois au ciel en étoile filante ;
Frémis en fraîche haleine au feuillage des bois ;
Brille, mystérieuse, au fond de l'eau tremblante ;
      Résonne en faible voix.

Glisse-toi dans le cœur de ceux qui t'ont perdue,
Comme un souvenir triste et pourtant adouci ;
Fais-leur sentir tout bas que tu leur es rendue ;
      Murmure : « Me voici. »

Dis-leur : « Je suis mêlée au chœur léger des âmes ;
Nous nageons dans la joie et dans la liberté ;
Nous savons, nous voyons, et nos lèvres de flammes
      Boivent la vérité.

« Nous aspirons au ciel les clartés de l'aurore,
Éternelle pâture à nos yeux enivrés.
Pourquoi cette douleur ? Un peu de temps encore,
      Et vous me reverrez. »

Si du moins nous savions t'écouter, ô parole,
Voix lointaine, soupir inentenda des morts,
Accent triste et profond dont la douceur console
      Et berce nos efforts !

Si nous vous devinions, invisibles pensées,
Qui flottez en silence et tout autour de nous,
Secrètes, répandant sur nos âmes blessées
      Votre apaisement doux !

S'il vous était permis, ombres douces et chères,
De soulever pour nous le voile où vous dormez !
Si vous nous montriez rouvertes les paupières
    De tous nos biens-aimés !

Hélas ! — Ou si plutôt une foi généreuse
Et vaillante, et portant docilement sa croix,
Par les yeux de l'esprit voyant la mort heureuse,
    Pouvait dire : « Je crois ! »

                          Janvier 1899.

À UNE JEUNE FILLE
POUR LE JOUR DE SON MARIAGE

❖

Le soleil s'est levé. La mer calme et brillante
Promet un beau voyage au navire qui part.
Toutes voiles dehors, il file ; et le regard
Suit son allure heureuse et sa trace fuyante.

Ainsi, dans la splendeur d'un glorieux matin,
Au ciel intérieur de notre âme ravie,
Ecartant tout à coup les brumes du Destin,
Le rayon de l'amour se lève sur la vie.

Ils s'en vont aujourd'hui dans ce rayon doré,
Les nouveaux mariés, sur la mer favorable.
Mais l'amour seul dira la parole ineffable
Que nous accompagnons d'un silence sacré.

Le Havre, 22 Janvier 1900.

SUR UNE MORT

Devant ces deuils cruels qui nous anéantissent,
Ces coups inattendus foudroyant le bonheur,
Le silence est souvent la seule voix du cœur,
Meilleure que les mots qui blessent et meurtrissent.

Quand frappe auprès de nous l'impitoyable arrêt,
Quand le souffle inconnu qui sèche toute vie
À passé, désolant une maison amie,
Sans donner de raison, sans dire son secret ; —

Nous voudrions pouvoir à l'âme déchirée
Porter un peu de paix, consoler et guérir ;
Nous aussi, nous savons ce que c'est que souffrir.
Mais la mort nous emplit d'une crainte sacrée.

Nous n'osons pas troubler le mystère cruel.

Entre le malheureux et le sort qui l'accable,
Que viendrait apporter notre aide misérable ?
Où trouver la parole et l'accent éternel ?

Le coup vient de si loin ! Une ombre si profonde
Dérobe à nos regards les racines des lois !
Nous entendons si peu résonner cette voix
Qui nous dirait le mot de l'énigme du monde !

Ainsi nous demeurons muets devant la mort —
La mort, muette aussi, la reine du silence ; —
Mais quelquefois c'est trop nous faire violence ;
Se taire est un trop triste et trop pénible effort.

Il faut, sinon parler, du moins nous faire entendre,
Et sinon consoler, du moins souffrir aussi ;
Triste et stérile don, le seul possible ici,
Et le seul qui se fasse accepter et comprendre.

Car tous nous ignorons l'ineffable discours
Qui remettrait la paix dans l'âme désolée ;
Notre parole en deuil meurt à peine exhalée ;
Le repos vient d'ailleurs, de plus loin le secours,

Requiescant… Oh ! oui, sans doute, qu'ils reposent !
Non seulement les morts, mais aussi les vivants.
Paix à nos tristes morts sous la terre dormants,
Et paix aux cœurs meurtris sur terre… Qu'ils reposent !

Juin 1901.

GLORIA VICTIS
AUX BŒRS

C'est fini. La Justice a reployé son aile,
Et le Droit saigne et meurt, et vous êtes vaincus,
Et tous les libres jours que vous avez vécus
Vont descendre, voilés, dans la Nuit éternelle.

En vain, voyant l'abîme autour de vous s'ouvrir,
Vous avez appelé les peuples à votre aide :
Paralysé devant la Force, à qui tout cède,
Le monde indifférent vous regardait mourir.

Vous leviez vos regards vers le Dieu des armées ;
Les Psaumes sur le Veldt, aux approches du soir,
Montaient, comme exhalés d'un immense encensoir ; -
Mais les portes du Ciel là-haut restaient fermées.

Les peuples se taisaient, Dieu lui-même était sourd ;
Nulle pitié pour ceux que le Destin accable.
Seule vivante alors, la Force inévitable
Avait posé sur vous son pied sinistre et lourd.

Vos morts couvraient la terre ainsi qu'une jonchée.
Gloire à leur sang versé ! Gloire aux tristes enfants,
Martyrs sans le savoir, qui mouraient dans les camps !
Gloire à la liberté dans son linceul couchée !

Gloire au tenace espoir qui vous a soutenus
Et qui sombre aujourd'hui dans la défaite ! Gloire
À ce chapitre fier qu'écrivaient pour l'histoire,
Chefs au nom redoutable et soldats inconnus !

Gloire à l'âme de foi qui brûlait vos poitrines,
Au choral solennel entonné par vos voix !
Il vous sera donné de porter votre croix,
Et de saigner aussi de blessures divines.

Oui, gloire ! mais surtout, ô chers frères, merci !
Merci pour vos combats, merci pour votre exemple ;
Merci, lointain pays sacré, refuge et temple
Du soleil éternel un moment obscurci.

Une sève de vie est dans ton sacrifice.
Jamais ne donnerait un semblable trésor
L'Angleterre au cœur dur, riche de terre et d'or,

Mais si pauvre d'amour, de bonté, de justice.

C'est chez vous, les vaincus, que les pauvres humains
S'abreuveront au flot de l'éternelle Idée ;
Vers la terre que vos martyrs ont fécondée
S'en iront nos regards et se tendront nos mains.

Mais rien aux vainqueurs, rien ! Nous tournerons la tête ;
Nous les laisserons seuls ensevelir leurs morts.
Que seuls, se délectant à se sentir si forts,
Ils exploitent en paix leur sanglante conquête !

Qu'ils recueillent le prix du vol brutal : l'argent,
L'argent maudit, l'argent qui corrompt et qui souille.
Qu'ils s'en aillent, chargés de leur riche dépouille,
Tunique de Nessus attachée à leur flanc !

Pour eux pas un regard et pas une parole !
Mais à vous, chers vaincus, la pitié de nos cœurs,
L'hommage, le respect, le salut et les pleurs,
Tout ce qui glorifie et tout ce qui console !

Juin 1902.

EN DALMATIE

L'air tremble de chaleur sur les cimes dalmates ;
La mer s'endort parmi l'archipel embrasé ;
Un souffle que les pins du rivage ont baisé
Flotte, s'éloigne et meurt, tout chargé d'aromates.

Toute la côte brûle et flamboie au soleil :
La mer de saphir sombre et les toits de la ville,
Et l'épaisse muraille, et le fin campanile,
Et les oliviers clairs, et le raisin vermeil ;

Et la vigne, traînant son manteau d'émeraude
Dont la frange à grands plis surplombe sur la mer
Et le Kozjak stérile, et le Mosor désert,
Et le fort de Clissa sur sa montagne chaude.

Et l'antique Salone est couchée à leurs pieds,

Endormie à jamais dans sa robe de pierre,
Triste et morte aujourd'hui, sous la même lumière
Qui dorait autrefois ses monuments altiers.

Des colonnes debout parmi les sarcophages,
Des tombeaux entr'ouverts, des chapiteaux épars,
Des blocs de pierre fruste où brillent aux regards
Les noms mystérieux des martyrs des vieux âges ; —

C'est la sainte *area,* c'est le champ du repos,
Le sol peuplé d'histoire et fleuri de légendes,
Où la ronce et la vigne, en vivaces guirlandes,
Font une broderie aux tombes des héros.

Un silence brûlant, profond et pacifique,
Tombe du ciel dalmate uniformément bleu ;
Et dans l'air sec et pur, sous le soleil de feu,
L'âme des morts s'exhale en un secret cantique.

Spalato (Dalmatie), 1902.

LES MORTS DE BELGRADE

Pas d'insulte pour toi, couple triste et tragique !
Dans cette nuit d'horreur et fumante de sang,
C'est l'ombre du Destin, c'est son sinistre accent,
C'est le lugubre cri que le poète antique
Éveillait au palais d'Atrée en gémissant.

La terre sèche a bu la sanglante rosée ;
Les sabres altérés, acharnés sur les morts,
S'assouvissaient de meurtre et buvaient ; et les corps,
Frappés, hachés, jetés en bas par la croisée,
Gisent, lambeaux de chair effroyables, dehors.

Nuit sombre ! nuit de sang ! Les spectres lamentables,
Duncan dans son sommeil égorgé chez Macbeth,
Atride dans son bain, et le père d'Hamlet,
Tous étaient là, guettant de leurs yeux insondables,

Attirés par l'odeur nocturne du forfait.

Les voilà, les nouveaux égorgés ! Côte à côte,
Sur le pavé, sous le ciel obscur, les voilà !
Point de pleurs, point de deuil pour leur sang qui coula ;
Une acclamation impitoyable et haute
Remplit tout le Konak. Ils n'auront que cela.

Le matin maintenant se lève sur Belgrade,
Le radieux matin des pays d'Orient.
On pavoise, on s'embrasse, on s'aborde en riant.
Passent des bataillons, gais comme à la parade,
De Serbes beaux et fiers, au costume brillant.

Ils sont couchés là-bas, les cadavres sinistres,
Sans larmes, sans un mot de pitié ni d'amour.
Pourtant on leur a fait une funèbre cour :
Les cadavres tout chauds et sanglants des ministres
Frappés la même nuit, gisent tout alentour.

Ô misérables morts ! auprès de vous, personne !
Pas de cierges, de fleurs, de chants religieux ;
Aucune main d'ami pour vous fermer les yeux ;
Pas même dans l'église un pauvre glas qui sonne ;
Et nul ne vous dira les suprêmes adieux.

Personne ne suivra vos tristes funérailles ;
Vous vous en irez seuls, furtivement, la nuit

Un de vos assassins peut-être vous conduit.
Soit hâte d'en finir ou peur des représailles,
Il faut que ce soit fait tout de suite et sans bruit.

Ô convoi misérable ! ô misérable tombe !
Tout est fini, projets, intrigues ou remords,
Et vous avez payé chèrement tous vos torts.
Victimes aujourd'hui de l'affreuse hécatombe,
Seuls, en horreur à tous, reposez, pauvres morts !

Sentez-vous la cruelle et froide indifférence ?
Le sol est sec et dur, personne n'a pleuré.
Sur le couple funeste et si vite enterré
S'asseyent l'abandon, la nuit et le silence. —
Mais que la pitié dise un mot triste et sacré.

18 juin 1903.

APRÈS UNE VISITE
AU PARC DE L'ÉCOLE À SÈVRES

J'ai retrouvé ce soir la verte solitude
Où vivait ma pensée et rêvait mon espoir ;
J'ai retrouvé ta nef et tes arceaux ce soir,
Belle église de songe aux forts parfums d'étude.

Aujourd'hui comme alors, tes hauts piliers vivants
Frémissent sous l'étreinte amoureuse du lierre ;
Et toi, cher souvenir, image familière,
Tu flottes, comme alors, dans l'haleine des vents.

Dans mon cœur obstiné rien ne prendra ta place,
Maison d'où le Destin me chassa sans retour.
Aux autres le devoir froid ; mais à toi l'amour.
Hors les prédestinés, nul n'a droit à la grâce.

LE PHARE

Je suis muet et mort le jour sous la lumière,
Les pieds rivés au sol, la tête en plein ciel bleu,
Lointain fantôme blanc que l'on regarde peu,
Et mon cœur est froid dans ma poitrine de pierre.

Ils s'en vont sans me voir, les bateaux passagers
Qui filent tout là-bas au large de la côte ;
Ma silhouette, au front de la falaise haute,
Ne fait pas d'ombre sur leurs sillages légers.

Mais quand la nuit descend, quand les sombres nuages
Enveloppent de deuil l'horizon triste et noir,
Soudain, ressuscité par le souffle du soir,
J'allume mon fanal écarteur de naufrages.

Et la vie est en moi ; je veille ; je frémis ;

L'ouragan fait craquer ma solide cuirasse :
La mer est à mes pieds, qui gronde et qui menace ;
Mais ma lumière crie : « Attention, amis ! »

Il me voit, il a bien donné le coup de barre ;
Il rase la bouée où tremble mon reflet ;
Il évite l'écueil, passe l'étroit goulet ;
Il touche au quai du port, il a jeté l'amarre.

Le cuirassé qu'étreint son armure de fer,
Le fin voilier, mouette aux ailes éployées,
Tous cherchent, dans l'horreur de leurs nuits effrayées
Mes longs regards brillants qui rôdent sur la mer.

C'est l'heure où je suis roi sur les côtes désertes.
C'est pour moi que se plaint la musique des flots,
Et seul je vois, parmi les ceintures d'îlots,
Les goémons traîner leurs chevelures vertes.

SOUHAIT

Mes chers amis, si je mourais,
Qu'un oiseau, dans le cimetière,
Pour tout deuil et pour tous regrets,
Chante un bel hymne à la lumière.

Qu'un brillant rayon de soleil
Fasse de ma croix inconnue
Un beau labarum, tout pareil
À celui qu'on vit dans la nue.

Mon cœur jadis chaud et vivant
N'a pas besoin du froid des marbres.
Si le ciel est bleu, si le vent,
Tiède et doux, passe dans les arbres ;

Si quelque abeille dans son vol

Bourdonne, joyeuse ouvrière ;
Si des fleurs mêlent sous le sol
Leurs racines à ma poussière ;

Et surtout, surtout si, non loin,
Murmure la mer fraternelle,
Alors je n'aurai pas besoin,
Mes amis, de tombe plus belle.

Mars 1906.

REQUIESCANT...

Requiem aeternam... Dormez dans le silence.
Loin du ciel des vivants exilés désormais,
Ô morts obscurs, dormez. La nuit triste et la paix,
Linceuls mystérieux, voilent votre existence.

Ô muets éternels, vous ne nous direz rien.
En vain nous écoutons, penchés sur votre pierre.
Ô morts silencieux ! nul deuil, nulle prière,
Ne vous éveilleront, et nous le savons bien.

Mais pourquoi nous quitter ? Étiez-vous las de vivre ?
Quel messager, visible à votre seul regard,
Vous a fait tout à coup le signe du départ ?
Pourquoi ne pouviez-vous refuser de le suivre ?

Le chemin était long encore devant vous ;

Un rayon d'avenir dorait vos destinées.
Craigniez-vous le labeur des nombreuses journées ?
Dormir dès à présent vous semblait-il plus doux ?

Ô morts trop tôt frappés ! non, ce n'est pas vous-mêmes
Qui souhaitiez ainsi partir avant la fin ;
Et peut-être, à l'appel sinistre du destin,
Une angoisse a frémi dans vos regards suprêmes.

Au moment de briser tant de liens si forts —
Adieux aux êtres chers, à l'œuvre non finie —
Qui sait ce qu'ont été vos heures d'agonie ?
Peut-être vous aimiez la vie, ô pauvres morts !

Peut-être votre main, d'une étreinte dernière,
Voulait se rattacher aux souvenirs amis.
Et, pleurant le bonheur qui n'était plus permis,
Vos yeux en se fermant regrettaient la lumière.

Requiem æternam... Dormez, ô morts lointains !
Les vivants font sans vous leur route désolée,
Écoutant dans leur cœur la voix triste et voilée
Qui leur parle, et le son de vos pas incertains.

Ils disent : « Est-ce toi ? » quand le vent les effleure.
Parfois le souvenir d'un geste ou d'un regard
Vient les percer soudain comme un coup de poignard...
Morts qui ne pleurez plus, savez-vous qui vous pleure ?

Dormez. Les chants de deuil et leurs derniers échos,
Le profond *Requiem*, le *Dies iræ* sombre,
Tout s'est éteint. Dormez dans vos demeures d'ombre,
Asiles éternels du suprême repos.

Mai 1906.

SOUVENIR DU CAMPANILE DE TRAU
EN DALMATIE

❦

Comme du fond de l'âme une haute prière
D'un seul large coup d'aile atteint à l'idéal,
Ainsi libre, joyeux, d'un seul jet triomphal,
Le campanile aigu monte vers la lumière.

Il chante en s'élançant, alouette de pierre ;
Il chante pour l'éveil du soleil matinal,
Pour le midi doré, pour le soir nuptial,
Et pour la paix des morts couchés au cimetière.

À ses pieds sont les murs massifs, les piliers lourds,
Les voûtes résonnant d'échos sombres et sourds,
Les fondements profonds, racines souterraines.

Telle, laissant en bas ramper le peuple obscur,

Légère, heureuse, ailée, ivre d'air et d'azur,
Plane la liberté dans les hauteurs sereines.

1907.

KANT ET PLATON

Dans les brouillards lointains du Nord,
L'Impératif Catégorique,
Surgit, spectre frigorifique,
Qui nous congèle tout d'abord.

Et les froides Antinomies,
Qu'un démon polaire évoqua,
Tour à tour pour « Nein » et pour « Ia »
Ouvrent leurs lèvres de momies.

Sur les glacis de Koenigsberg,
Le Phénomène et le Noumène
Dressent leur stature inhumaine
Comme un gigantesque iceberg.

Parmi les mornes théories,

Voici que, de loin, lentement,
S'avancent d'un pas allemand
Les pesantes Catégories.

Et Kant lui-même, le bourreau,
Conduit sur les plaines glacées
Tout l'escadron de ses pensées,
À vingt-cinq degrés sous zéro !

C'est l'exercice à la prussienne.
Dans le noir régiment moral,
Le Bien est passé caporal. —
Ô lumière platonicienne !

Ô soleil d'or ! ô ciel léger !
Golfe brillant de Salamine !
Le sol, qu'une grâce illumine,
Retient les pas de l'étranger.

Ô gemme parmi nous posée,
Belle Acropole, divin roc,
Toi dont la forme semble un bloc
De lumière cristallisée !

Ô chemin sacré d'Éleusis
À travers la claire campagne !
Sous ces beaux pins de la montagne,
Platon peut-être s'est assis.

Et sur les crêtes dénudées,
De ces hauts sommets radieux
Il fit lever l'essaim joyeux
Des étincelantes Idées.

Mais, comme il cherchait la splendeur
De leurs demeures éternelles,
L'amour aux foudroyantes ailes,
Tout à coup fondit sur son cœur.

Ô vivante philosophie !
Soif sainte de la vérité !
Soupir brûlant vers la Beauté,
Que le Bien même ratifie !

Ô Platon, les temps étaient beaux,
Lorsque tes paroles ailées,
Sur les marches des Propylées,
Se posaient comme des oiseaux.

Janvier 1908.

ATHÉNA MÉLANCOLIQUE
BAS-RELIEF DU MUSÉE DE L'ACROPOLE À ATHENES

Vers la stèle dressée en souvenir d'un mort,
Penchant ta tête triste et ton divin silence,
Ô déesse pensive, appuyée à ta lance,
Ton regret immortel pleure celui qui dort.

Il n'est plus, le jeune homme à la claire pensée,
Au vouloir magnanime, au cœur profond. Les dieux,
Jaloux de lui peut-être, ont versé sur ses yeux
L'immobile sommeil, et sa main s'est glacée.

Et sous la pierre fruste il est enseveli.
Personne. Tout se tait. L'air transparent d'Athènes,
Des pentes de l'Hymette aux montagnes lointaines,

Donne aux vivants la joie, aux disparus l'oubli.

Mais toi, tu te souviens que jadis, à son heure,
Il voyait ta lumière et suivait ton chemin ;
Et tu rêves, plaignant son rapide destin. —
Heureux parmi les morts celui qu'Athéna pleure !

20 janvier 1908.

CIMETIÈRE TURC

La mer Noire est au loin brillante comme un lac.
Près du château massif dominant le Bosphore,
Un rayon pacifique et silencieux dore
Ton calme cimetière, Anatoli-Kavak.

Oh ! comme ils dorment bien là, les croyants fidèles !
Avec quelle douceur le temps s'écoule et fuit,
Et d'un souffle léger de mystère, sans bruit,
Baise en les effleurant leurs tombes fraternelles !

Et la terre d'Asie est légère à leurs os.
Sur le ciel d'un bleu clair où flottent des nuages
S'estompe finement le front des paysages. —
Allah puisse longtemps vous garder ce repos !

Janvier 1908